Les éditions de la courte échelle inc.

Raymond Plante

Écrivain et scénariste, Raymond Plante écrit énormément, et surtout pour les jeunes. Auteur d'une trentaine de livres jeunesse, il a aussi participé à l'écriture de nombreuses émissions de télévision. Il a d'ailleurs été récompensé à plusieurs reprises pour ses oeuvres littéraires. Il a reçu, entre autres, le prix de l'ACELF 1988 pour *Le roi de rien,* publié dans la collection Roman Jeunesse. En 1986, on lui a remis le prix du Conseil des Arts et, en 1988, le prix des Livromaniaques pour *Le dernier des raisins.* Quant à son roman *L'étoile a pleuré rouge,* il lui a permis de remporter le Prix 12/17 Brive/Montréal du livre pour adolescents 1994 et le prix du livre M. Christie en 1995.

Auteur prolifique et amoureux des mots, Raymond Plante enseigne la littérature et donne fréquemment des conférences et des ateliers d'écriture.

Christine Delezenne

Christine Delezenne est née à Orange, dans le sud de la France. Elle a beaucoup voyagé en Europe et en Amérique du Nord, pour ses études et aussi pour le plaisir. Elle vit à Montréal depuis une dizaine d'années. On peut voir ses illustrations dans des livres, des magazines et aussi des publicités.

Depuis toujours, Christine aime énormément lire. De plus, elle pratique plusieurs sports, comme la planche à voile, le ski et la randonnée pédestre, et elle a un petit faible pour les arts martiaux. *Les rats du Yellow Star* est le deuxième roman qu'elle illustre à la courte échelle.

Du même auteur, à la courte échelle

Collection Albums

Série Il était une fois...
Un monsieur nommé Piquet qui adorait les animaux

Collection Premier Roman
Véloville

Série Marilou Polaire
Les manigances de Marilou Polaire
Le grand rôle de Marilou Polaire
Le long nez de Marilou Polaire
Marilou Polaire et l'iguane des neiges
Marilou Polaire crie au loup

Collection Roman Jeunesse

Série Le roi de rien:
Le roi de rien
Caméra, cinéma, tralala
Attention, les murs ont des oreilles
La fièvre du Mékong

Série Les clandestins:
Les voyageurs clandestins

Collection Roman+
Élisa de noir et de feu

Raymond Plante

LES RATS DU YELLOW STAR

Illustrations
de Christine Delezenne

la courte échelle
Les éditions de la courte échelle inc.

Les éditions de la courte échelle inc.
5243, boul. Saint-Laurent
Montréal (Québec) H2T 1S4

Conception graphique de la couverture:
Elastik

Conception graphique de l'intérieur:
Derome design inc.

Révision des textes:
Andrée Laprise

Dépôt légal, 1er trimestre 2001
Bibliothèque nationale du Québec

La courte échelle reconnaît l'aide financière du gouvernement du Canada par l'entremise du Programme d'aide au développement de l'industrie de l'édition pour ses activités d'édition. La courte échelle est aussi inscrite au programme de subvention globale du Conseil des Arts du Canada et reçoit l'appui du gouvernement du Québec par l'intermédiaire de la SODEC.

La courte échelle bénéficie également du Programme de crédit d'impôt pour l'édition de livres – Gestion SODEC – du Gouvernement du Québec.

Données de catalogage avant publication (Canada)

Plante, Raymond

Les rats du Yellow Star

(Roman Jeunesse; RJ100)

ISBN: 2-89021-480-X

I. Delezenne, Christine. II. Titre. III. Collection.

PS8581.L33R37 2001 jC843'.54 C2001-940154-X
PS9581.L33R37 2001
PZ23.P52Ra 2001

Chapitre I
Jeff, Juliette et le fou

Vieux-Port de Montréal. Recroquevillé sur le toit d'un hangar, Jeff suit distraitement le travail d'une immense grue. Au quai 14, on décharge les conteneurs du SSS *Van Dym*, un géant d'acier. En vérité, il se concentre sur l'homme qui vient de sortir de l'impasse au fond de laquelle il tient boutique. Il sait qu'il le recherche. Qu'il ne le trouvera pas.

Ce type s'appelle Marcel Huneault. Dans sa boutique d'antiquités qui respire la poussière, il conserve un étui de contrebasse. Cette boîte possède un pouvoir magique. Elle peut vous transporter où vous le voulez. Il suffit d'y pénétrer avec un objet sur lequel est inscrite la destination de votre choix. Jeff l'a expérimenté. Avec Juliette, la grande fille qui livre des pizzas. Ils ont abouti à Naples et ils ont réussi à en revenir.

Depuis leur retour, depuis deux jours en fait, Marcel Huneault les poursuit.

Le bonhomme est désemparé. Avec son idée fixe dans la tête, il est devenu fou. Il croit que sa fille, Annie, a été emportée par cette boîte magique. Elle n'est pas revenue, elle.

Huneault veut que Jeff et Juliette découvrent l'endroit où Annie a peut-être échoué. Pas une mince affaire.

Au fond de lui, Jeff pense que la petite fille s'est sauvée parce que Marcel Huneault, son antiquaire de père, le méritait. Jeff, le voyou aux cheveux dans les yeux, a une opinion précise sur les parents.

Le brocanteur se dirige vers la pizzeria Marco di Napoli. Il s'entretient avec le bedonnant Marco.

L'Italien se gratte le crâne et montre le bout de la longue rue qui longe le port. Justement, Juliette apparaît sur sa moto. Sa moto sur laquelle, elle aussi, elle se sauve depuis deux jours. Chaque fois que Jeff veut lui parler, elle disparaît ou fait mine de ne pas le voir.

Le garçon commence à en avoir assez de toute cette histoire.

Huneault attrape Juliette. Cette fois, elle ne pourra pas s'éclipser. La conversation s'engage. L'antiquaire fait de grands gestes. Puis, contre toute attente, la fille et lui se serrent la main.

Jeff devient de plus en plus intrigué. Surtout lorsque l'homme regagne son repaire en affichant un air satisfait.

Le garçon quitte sa cachette. À son tour, il va vers le restaurant. Il s'installe devant Juliette qui place des boîtes sur le support arrière de son véhicule.

— Ne t'avise pas de toucher à ça, le menace-t-elle, avant de se braquer devant lui. Tu as compris, morveux?

— Qu'est-ce qu'il te voulait, l'antiquaire? lui répond le garçon.

— Nous voir. Absolument. Question de vie ou de mort.

Jeff fait la moue.

— Du chantage, tout ça. Qu'est-ce que tu lui as répondu?

— Ce que je vais te répéter: «J'ai des pizzas à livrer et je n'ai pas le temps de parler.»

Aussitôt, elle met son moteur en route.

— Il veut nous rencontrer cet après-midi, poursuit-elle.

— Où?

— À sa boutique.

Là-dessus, la fille démarre. «Très drôle!» pense Jeff.

* * *

À quinze heures, Jeff s'amène dans l'impasse. Il se faufile entre les étalages des marchands. Parvenu à la boutique de Marcel Huneault, il tente de pousser la porte. Elle résiste.

Le garçon colle son visage à la vitrine. «Comment se fait-il qu'il ne soit pas là?» se demande Jeff.

Il frappe. Doucement d'abord. Puis plus fort. Rien. Pas une ombre ne bouge. Il sera obligé d'attendre dehors. Juliette ne lui a pas indiqué l'heure du rendez-vous.

Au bout de cinq minutes interminables, il voit apparaître la longue silhouette de Juliette. Il était temps.

— Notre antiquaire n'est pas là, murmure-t-il.

— Il nous attend.

— Il n'est pas encore arrivé.

Juliette ne répond pas plus qu'elle ne tente de pousser la porte. Elle se contente de frapper trois coups forts, suivis de deux coups brefs et d'un autre plus gros.

Aussitôt, une lumière s'allume au fond du magasin et l'ombre du brocanteur vient leur ouvrir.

— Fallait m'avertir qu'il y avait un code.

— Si tu ne te cachais pas toujours, tu l'aurais su.

— J'ai essayé de te parler et…

Il n'a pas le temps de poursuivre, la porte s'ouvre.

Sans les saluer, le marchand les invite dans l'arrière-boutique.

La pièce n'a guère changé depuis la dernière fois que Jeff l'a vue. Le lit minuscule de Marcel Huneault occupe un coin de la pièce. L'antiquaire a tout juste pris la peine d'y replacer les couvertures. Il y a encore la vieille armure, les meubles éventrés, deux chaises de style, une table brinquebalante sur laquelle est imprimé un échiquier et, bien sûr, la boîte de contrebasse ouverte.

— Vous n'avez pas saisi l'importance de ma requête, murmure l'homme bourru.

— Vous voulez encore nous parler de votre fille? questionne Juliette.

— J'ai l'impression que vous me prenez pour un fou.

— On ne vous prend pas pour un fou, ment Jeff. Si vous nous aviez dit que cet étui de contrebasse était magique, là, on vous aurait cru dérangé.

— Votre fille est partie depuis combien de temps? demande Juliette.

Le brocanteur grimace:

— Deux mois.

— Et vous avez appelé la police?

— Oui, mais ils n'ont rien découvert. Ils la cherchent comme ils le font pour tous les enfants disparus. Le seul

problème c'est qu'ils ne trouvent trace de son passage nulle part. Mais moi, depuis votre retour, je suis persuadé qu'Annie s'est enfermée dans l'étui de la contrebasse et qu'elle flotte quelque part.

Marcel Huneault se met à parler de sa fillette de huit ans comme si elle était un trésor. Il vante sa blondeur, sa douceur, sa gentillesse.

— Toujours prête à rendre service, souligne-t-il en écrasant une larme timide au coin de son oeil. Elle vivait heureuse auprès de moi mais, avec toutes les choses que je dois rafistoler, j'étais souvent très occupé.

— Vous voulez dire que vous ne vous occupiez pas d'elle, conclut Jeff.

— Nom d'un chien! Qu'est-ce que tu vas imaginer là, le jeune? Je suis un bon père...

— Qui est trop occupé.

Le brocanteur hoche la tête sous la réplique de Jeff.

— Savez-vous quel pays aurait pu intéresser Annie? reprend la fille.

Le brocanteur s'impatiente.

— Si je le savais, depuis que vous m'en avez donné le secret, j'aurais sauté dans cet étui. Je marcherais dans les rues de la ville où elle m'attend.

— Qu'est-ce qui l'amusait? demande Jeff.

— Est-ce que je le sais, moi? Elle allait à l'école et quand elle revenait, elle jouait dans l'arrière-boutique.

— À quoi?

— À lire. À écrire. À rêver, bredouille le marchand d'antiquités, qui s'aperçoit qu'il connaissait bien peu sa fille.

— Pensez-vous qu'Annie savait ce qu'elle faisait quand elle s'est enfermée dans la boîte de la contrebasse? poursuit Juliette.

— Pourquoi l'aurait-elle su? Moi-même, j'ignorais le pouvoir de cette foutue caisse. Justement, je vous ai invités parce que...

Juliette et Jeff se regardent. Déjà, ils devinent.

— Je pensais que vous pourriez retourner dans l'étui et...

— Pour remonter là-dedans, enchaîne Juliette, il faut savoir exactement où on va. Et pour ça, il faudrait avoir une meilleure idée des préférences de votre fille.

— On n'a pas envie d'aboutir n'importe où. Non merci! s'écrie Jeff avec un aplomb qui l'étonne lui-même.

— Mais qu'est-ce que vous voulez savoir? argumente Marcel Huneault. Elle vivait avec moi, elle allait à l'école. Le soir, elle revenait ici. Elle faisait ses devoirs jusqu'à ce que je ferme boutique.

— Et elle s'intéressait à quoi? insiste Juliette.

Le brocanteur hausse les épaules.

— À des choses de petites filles.

— Le mieux serait de visiter sa chambre, dit Jeff.

— Dans ce cas, venez à la maison, suggère l'antiquaire. Mais il n'y a pas beaucoup d'ordre. Depuis la disparition d'Annie, je n'y mets presque jamais les pieds.

Chapitre II
La chambre d'Annie

Situé à cinq minutes de marche de la boutique, le logement des Huneault est triste à mourir. Dès la porte poussée, une odeur de renfermé saute aux narines.

— Depuis que ma femme est partie, il n'y a plus de vie, admet le brocanteur. Le commerce, la recherche de nouveaux meubles d'autrefois, de bibelots originaux, sans oublier le rafistolage, tout cela exige du temps, nom d'un chien!

Lorsqu'il s'aperçoit qu'il frôle la colère, l'homme grimace un peu.

— C'est ennuyant comme la pluie, ici, souffle-t-il. Annie s'ennuyait. Elle revenait de l'école et travaillait ou s'amusait dans mon arrière-boutique jusqu'à ce que je ferme le magasin. Ensuite, je l'emmenais manger dans un petit restaurant du Vieux-Port et nous rentrions ici. Elle s'enfermait dans sa chambre.

annie
annie

— Sa chambre! répète Juliette. On peut la voir?

— Pourquoi pas? répond le brocanteur en les entraînant vers l'arrière de la maison. Je n'ai touché à rien. Vous savez, ma fille me ressemble…

— Pauvre elle! murmure Jeff.

— Pas physiquement, précise Huneault sans s'offusquer, mais elle a mon tempérament. Elle ne veut pas que l'on touche à ses choses. Je suis pareil.

L'homme pousse la porte et allume le plafonnier.

La chambre, presque une réplique de la boutique d'antiquités, fourmille d'objets: des jouets anciens, un cheval de bois, un boulier chinois, des collections de casse-tête, des poupées, des boîtes à musique…

Le brocanteur sourit:

— Quand je vous dis qu'on se ressemble tous les deux. Annie ne s'est jamais départie d'un jouet. Regardez sa collection d'oursons en peluche et ses marionnettes. Elle en a de toutes les sortes: à doigts, à gaine, à fils…

— Elle jouait au hockey sur table? s'informe Jeff en tournant les boutons d'un jeu de hockey d'un modèle oublié.

— Laisse ça tranquille! s'écrie l'homme.

Jeff sursaute. Il ne s'attendait pas à une réaction aussi vive.

— Excuse-moi, le jeune, marmonne un Marcel Huneault repentant, je suis allergique à ceux qui touchent aux affaires d'Annie. Pour répondre à ta question, elle ne jouait pas au hockey sur table très souvent parce qu'elle était seule. Vrai, ce n'est pas quelqu'un qui se mêle beaucoup aux autres. Je vous répète qu'elle me ressemble.

Jeff, qui n'ose plus toucher à rien, fait la moue.

— Elle doit avoir un caractère très agréable.

Pendant que l'antiquaire parlait, Juliette a parcouru le moindre recoin de la chambre. Elle s'approche d'une étagère sur laquelle est disposée une série de flûtes à bec. Ce sont de simples flûtes de bois. Sur chacune d'entre elles, le drapeau d'un pays est dessiné.

— Ah! dit le brocanteur, toi aussi, tu t'intéresses aux flûtes!

— Aux cours de musique, à l'école, je n'ai jamais pu en faire sortir trois notes de suite, réplique Juliette. Je produisais toujours un canard. Mais ce n'est pas le moment de parler de ça.

En laissant ses yeux se faufiler entre les instruments, Juliette s'immobilise.

— C'est vrai que vous n'avez touché à rien?

— Parfaitement, jure Huneault.

— Venez voir.

Le brocanteur et Jeff s'approchent de l'étagère.

— Le dessus de la tablette, insiste la fille.

Jeff, qui est plus petit, grimpe sur une table au risque d'éparpiller les morceaux d'un casse-tête abandonné.

— Les flûtes sont bien placées et, ici, souligne Juliette en pointant de l'index un espace où la poussière est presque absente, il y a une empreinte claire.

— Nom d'un chien, murmure l'antiquaire, étonné, une flûte manque à la collection.

À haute voix, Jeff déduit qu'Annie a pu partir avec la disparue. Juliette en est convaincue. Le brocanteur gratte ses joues mangées par une barbe de quelques jours:

— Vous vous imaginez que ma fille a pris un de ces instruments, qu'elle est entrée dans l'étui à contrebasse et qu'elle s'est envolée directement…

— … dans le pays dont le drapeau n'est plus là. Pourquoi pas? s'écrie Juliette. Vous savez quelle flûte était placée ici?

— J'en ai plusieurs à la boutique. À l'oeil, je ne saurais pas dire. Il suffirait d'apporter celles-ci pour découvrir la manquante.

Avec beaucoup de délicatesse, le brocanteur dispose la collection dans un sac, en prenant soin d'entourer chaque flûte de papier.

— Tous à la boutique, annonce le bonhomme, survolté.

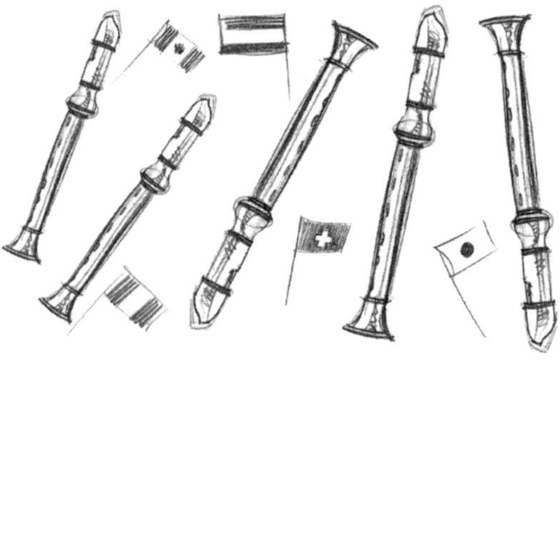

Chapitre III
Voyage en musique

Tout au long de la courte distance qui sépare son logement de son commerce, Marcel Huneault se frappe le crâne de la paume de la main.

— Les petites flûtes, répète-t-il inlassablement. J'aurais dû y penser avant. Je suis un imbécile.

En déverrouillant la porte de la boutique, il poursuit:

— Au cours des semaines qui ont précédé sa disparition, Annie n'arrêtait pas d'en jouer. Toujours le même air de sept ou huit notes…

— Une petite musique que vous n'aimiez pas beaucoup, devine Juliette en pénétrant dans le commerce.

L'antiquaire referme la porte derrière eux.

— D'accord, d'accord! J'ai un fichu caractère. Mais, nom d'un chien, sa musique m'agaçait, alors…

L'homme devient hésitant.

— Alors quoi? insiste Jeff.

Marcel Huneault se tord les mains.

— Je suis certainement coupable de quelque chose, bredouille-t-il. Son petit air de flûte m'empêchait de me concentrer correctement. Je réparais un vieux coucou suisse. Je me suis fâché. J'ai crié à Annie que je ne voulais plus l'entendre.

Juliette secoue la tête.

— Et vous croyez que c'est pour cette raison qu'elle a disparu?

— Oui et non, poursuit le commerçant. Elle a commencé par me répliquer qu'elle, elle avait envie de jouer son air. Elle s'est enfermée dans la pièce arrière. Je l'entendais encore. J'admets que j'ai hurlé: «Annie, arrête!»

L'air repentant, il entraîne Jeff et Juliette vers l'arrière-boutique.

— Soudainement, la musique s'est tue. Je suis certain que, pour ne pas que j'entende, elle s'est cachée dans l'étui de la contrebasse. Et voilà comment elle est partie.

Juliette s'impatiente. Elle comprend la douleur du pauvre père, mais elle a de plus en plus hâte de se lancer à la recherche d'Annie.

— Et les flûtes semblables à celles d'Annie, où sont-elles?

— C'est la question que je me pose. Dans cette boutique, je sais exactement où se trouve tout ce que je vends. Mais les flûtes, je les avais déposées ici.

Le malheureux pointe une tablette où il y a un trou béant entre une clarinette ternie et une série de gazous oubliés.

— Pas possible, siffle Jeff. Elle n'a pas emporté tout le stock!

— Est-ce que je sais, moi?

Monsieur Huneault n'a pas le loisir de terminer sa phrase. La porte s'ouvre, faisant entendre sa clochette.

— Qu'est-ce que c'est encore? grommelle-t-il en retournant du côté de son magasin.

Un grand barbu l'attend, un chapeau mou enfoncé sur le crâne.

— Ah! monsieur! s'exclame-t-il. Je voudrais savoir le prix…

Le brocanteur fonce vers lui, impatient.

— Vous ne voyez pas que la boutique est fermée?

— J'ai vu de la lumière et la porte n'était pas verrouillée.

Pour expédier son visiteur, Marcel Huneault fait le gag qu'il utilise toujours pour se débarrasser des clients encombrants.

— Si vous cherchez quelque chose, allez voir madame Ursula. C'est une diseuse de bonne aventure. Elle habite la rue voisine.

— Inutile. J'ai trouvé ce que je cherchais, insiste le barbu. Je veux savoir combien coûtent les flûtes.

— Les flûtes? hurle le brocanteur.

— Celles que vous avez mises dans la vitrine. Je suis professeur de musique et…

— Merveilleux! entonne l'antiquaire.

C'est à peine s'il ne l'embrasse pas. Le professeur à son bras, il se précipite dans la rue et, de là, aperçoit deux collections de flûtes absolument identiques à celle qu'il avait donnée à sa fille.

— Elles ne sont plus à vendre! jubile le marchand. Je les cherchais partout.

— Mais pourquoi diable exposez-vous dans votre vitrine des flûtes qui ne sont pas à vendre? insiste le barbu.

— Je les ai promises à ces deux jeunes, ajoute-t-il en montrant Jeff et Juliette qui viennent d'apparaître dans la porte.

L'homme au chapeau mou serre les dents.

— Monsieur, vous êtes un marchand de pacotille.

— Et vous, un client sans envergure, réplique Marcel Huneault.

Décidément, ce commerçant n'a pas inventé la délicatesse. Par chance, le client s'éloigne en traitant l'antiquaire d'imposteur.

Jeff et Juliette invitent leur hôte à réintégrer sa boutique. Ils ont perdu assez de temps comme cela.

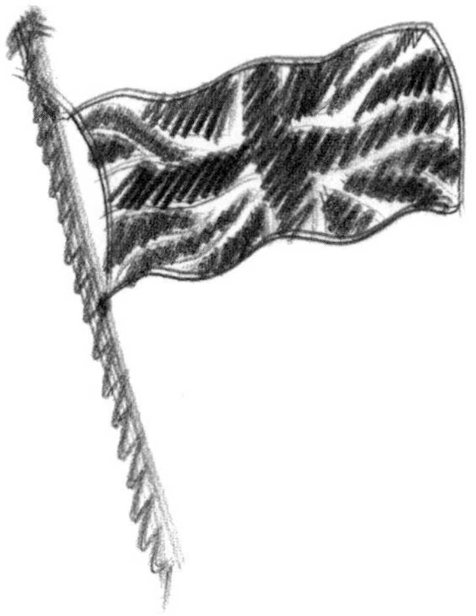

Ils comparent les deux collections de flûtes à celle d'Annie. Il paraît évident que la petite fille a emporté l'instrument sur lequel le drapeau de l'Angleterre était dessiné.

* * *

Quelques minutes plus tard, l'horloge du brocanteur sonne seize heures. Leur flûte à la main, Jeff et Juliette sont devant l'étui de la contrebasse.

— Écoutez, suggère Marcel Huneault, je vais remplacer l'un de vous. Ce sera beaucoup plus simple. Toi, le jeune, qu'est-ce que je dirai à tes parents si tu ne reviens pas?

— Laissez mes parents où ils sont, riposte Jeff.

— Et moi, j'ai pris congé pour le reste de la journée, ajoute Juliette. On part.

— L'Angleterre est une île et...

— J'ai étudié ma géographie, insiste Juliette. Je saurai bien me débrouiller.

— Moi, je n'ai pas étudié la géographie, mais je me débrouille toujours quand même, murmure Jeff, qui ne manquerait pas cette aventure pour tout l'or du monde.

Monsieur Huneault caresse ses joues mal rasées.

— D'accord, concède-t-il. Il est préférable que je reste ici. L'étui est trop étroit pour moi. Mais si jamais vous avez besoin d'aide, téléphonez-moi.

Il tend une petite carte passablement fripée à Juliette.

— Merci, dit la fille en la glissant dans sa chaussure. Mais il serait plus utile que nous ayons une photo d'Annie.

— Bonne idée, admet l'homme. Je reviens tout de suite.

Il disparaît dans la boutique.

— Je n'attends pas, décide Jeff, je passe le premier. Tu me rejoins?

— À tout à l'heure.

Sans plus de cérémonie, la flûte au drapeau anglais à la main, le petit voyou entre dans l'étui de la contrebasse et referme le couvercle sur lui.

Aussitôt, le garçon perçoit le son aigu, insupportable. Il se sent écrasé, aplati. Sa tête semble sur le point d'éclater. Il est ensuite secoué de toutes parts. Son corps tremble frénétiquement. Il ferme les yeux lorsqu'un éclair brûlant le fouette. Il reconnaît tous les signes du voyage.

Puis, il sent qu'il culbute. Où atterrira-t-il?

Enfin, il se rend compte qu'il est en position couchée. Il ouvre les yeux. Une ampoule nue, suspendue au plafond, répand une lumière jaune.

Jeff se relève doucement. Il occupe une boîte de bois pas très confortable. Autour de lui, une bonne quinzaine de caisses toutes pareilles. Quand il veut ranger sa flûte dans la poche arrière de son jean, ses doigts heurtent un objet dur. Quelques minutes plus tôt, profitant de la visite du client au chapeau mou, le garçon s'est attardé devant un assortiment de pistolets anciens. Juliette ne le regardait pas. Il a chapardé le plus petit et l'a glissé dans sa poche-revolver.

«On ne prend jamais assez de précautions», a-t-il pensé.

Se sentant en sécurité, le voyou sort de la caisse. Il a l'impression d'avoir abouti dans le hangar ou l'entrepôt d'une quelconque entreprise.

— Tonino, entend-il, les caisses sont-elles prêtes?

Jeff a tout juste le temps de se dissimuler derrière une pile de caisses. La

voix éraillée vient de derrière une petite porte.

— Pas toutes, Gino, j'en ai une dernière à remplir.

— Fais vite, vieux, le *Yellow Star* doit partir dans moins d'une heure.

Gino pousse la petite porte et traverse l'entrepôt d'un pas lourd. C'est un costaud, un moustachu aux cheveux frisés. Il appuie sur un bouton. Un bruit de ferraille retentit. Une grande porte de garage s'ouvre.

Gino sort dans la nuit chaude et s'installe aux commandes d'un transporteur motorisé. L'engin pénètre dans l'entrepôt. Ses fourches s'insèrent sous une palette de bois supportant trois caisses semblables à celle d'où le garçon est sorti. L'appareil, habilement manoeuvré, emporte les trois caisses vers un camion qu'un autre homme gare à l'intérieur de la bâtisse.

Les larges portes se referment. Et Jeff se demande comment il va sortir de là sans se faire repérer.

Chapitre IV
Le fabricant de flûtes

Toujours caché, Jeff ne manque pas l'arrivée d'un vieil homme. Il rentre par la porte étroite qui sépare l'entrepôt d'un atelier. On croirait le frère jumeau du Papa Gepetto des livres d'enfants. Tout jeune, Jeff rêvait d'être une espèce de Pinocchio. Il aurait aimé rencontrer un père aussi compréhensif que le vieil artisan.

Le Papa Gepetto, Tonino de son prénom, s'approche de la caisse d'où le garçon est sorti. Celle qu'il faut remplir. Mais de quoi?

Le vieil homme s'apprête à soulever la caisse vide. Soudain, il s'immobilise. Pendant un moment, il contemple le fond de la boîte comme s'il y avait une apparition. Ensuite, il s'applique à chuchoter. Jeff doit tendre l'oreille pour entendre le dialogue.

— Qu'est-ce que tu fais là?

— Je me cache.

— Tu as raison. Ne bouge pas. C'est dangereux.

— Qu'est-ce qui est dangereux?

— Les hommes de Brise de mer sont ici.

Le sosie de Gepetto se met à fredonner un air de Tino Rossi, le plus célèbre chanteur des années 1940. Une espèce de chanson doucereuse qui parle d'amour, de roses qui fleurissent et du velours des joues d'une femme.

De sa cachette, Jeff comprend que Juliette est arrivée à son tour. Mais comment se fait-il que l'homme devienne brusquement son complice? Après tout, elle ne le connaît pas.

Jetant un coup d'oeil en coin, Tonino remarque que les deux acolytes de la bande de Brise de mer sont occupés à déployer une bâche au-dessus de la boîte du camion. Il invite Juliette à sortir de sa caisse.

Elle brandit la flûte qui l'a menée jusqu'ici sous le nez du bonhomme. Lui, il paraît hypnotisé. Elle se faufile vers la petite porte. L'artisan l'accompagne en marchant sur la pointe des pieds.

Une fois dans l'atelier, Tonino attrape la flûte.

— Où t'es-tu procuré cet instrument?

— Pourquoi me demandez-vous cela?

— Parce que c'est moi qui l'ai fabriqué. Je suis un facteur de flûtes. Regarde en dessous, elle porte ma signature.

Sur le ventre de la flûte, la fille peut lire: «Tonino Bonifacio, Bastia, Corse».

— Corse? s'écrie-t-elle. Je ne suis pas en Angleterre!

Le vieux fronce les sourcils.

— Pourquoi serais-tu en Angleterre?

Juliette préfère se taire. Les explications seraient beaucoup trop longues.

— C'est… c'est à cause du drapeau.

— C'est bien le drapeau britannique. Ta flûte fait partie d'une série que j'ai fabriquée pour une délégation des Nations Unies. Ce n'est pas comme les flûtes que je fignole pour ces…

Il montre de la tête l'entrepôt où un cri retentit.

— Viens ici! Attrape ce morveux, Gino!

Aussitôt, Jeff fait irruption dans la pièce, en tentant de sortir son petit revolver de sa poche arrière.

Tonino, croyant qu'il est un voyou, se précipite vers le garçon.

Malheureusement pour lui, il ne connaît pas Jeff. Plus vif qu'un écureuil, le fugitif grimpe sur une table, éparpille les outils et le matériel de l'artisan. Puis, il renverse une étagère remplie de flûtes.

Le brave homme ne connaît pas Juliette non plus. Dans le but de protéger son complice, la fille tend la jambe. Le vieux Tonino Bonifacio culbute et s'étend de tout son long au milieu de la pièce.

Jeff n'a rien perdu de la manoeuvre. Il s'élance vers la porte qui doit donner sur la rue, l'ouvre largement sur le soir. Avant de déguerpir, alors même que ses poursuivants s'amènent dans l'atelier, il tourne le commutateur, sort et referme la porte derrière lui.

L'atelier, plongé dans l'obscurité, se transforme en un piège pour les hommes de Brise de mer. En espérant parvenir à la porte sans cesser de courir, ils butent à tour de rôle contre le corps du malheureux Tonino.

Lorsque le plus maigre des deux, un certain Albert dont la fine moustache fait un accent circonflexe sur sa lèvre supérieure, veut rejoindre l'interrupteur, il pose le pied sur une flûte… puis l'autre sur une seconde flûte. Du coup, il éprouve le sentiment navrant de se débattre sur une paire de patins à roulettes. Puis il s'écrase durement sur son postérieur. Son complice l'imite aussitôt.

Quelques instants plus tard, Albert actionne l'interrupteur, pour constater les dégâts que Jeff a provoqués.

En ouvrant la porte, il a beau scruter la rue de tous bords tous côtés, le garçon s'est évaporé dans la nuit. Juliette a profité de ce brouhaha pour se dissimuler sous un

établi encombré, parmi les copeaux de bois.

En revenant dans l'atelier, les deux hommes sont rouges de colère.

— Le *Yellow Star* n'attendra pas, ronchonne le maigre Albert.

— Bougre d'idiot, insiste Gino, ce n'était qu'un gamin et il nous a échappé.

— Justement, reprend Albert, ce n'était qu'un gamin. Il n'est donc pas dangereux.

— Tu imagines qu'il n'a pas découvert ce que nous faisons?

— Tout ce qu'il a vu, ce sont deux braves travailleurs qui chargent un camion, bredouille l'artisan.

Les deux hommes le toisent. Puis un sourire se dessine sur le visage du plus costaud.

— Toi aussi, Tonino, tu crois que ce n'était qu'un curieux qui visitait l'entrepôt?

De sa cachette, Juliette voit le fabricant de flûtes hocher la tête, l'air parfaitement innocent. Cet homme n'a pas l'intention de la dénoncer.

En exécutant quelques pas d'une danse bizarre pour ne pas poser le pied sur les instruments qui jonchent le sol, ils décident de retourner à leur travail au plus vite.

— Toi, ordonne Albert au vieil artisan, remplis la dernière caisse. Nous avons assez perdu de temps comme ça.

Les deux hommes ont à peine refermé la porte de l'entrepôt que Tonino se met à ramasser les flûtes avec zèle.

Du coin de l'oeil, il aperçoit Juliette qui sort de sa cachette en s'époussetant.

— Allez-vous m'expliquer, à la fin? questionne la fille.

— Tu mériterais que je te dénonce, grogne Tonino. Le gamin, c'est ton petit copain?

Juliette redresse la tête et se défend, presque insultée.

— Vous avez vu l'âge qu'il a?

— Il ne s'est pas arrêté pour se présenter. Et puis, je m'en moque de son âge. Si tu veux un conseil honnête, rejoins-le et disparaissez. Ce sera meilleur pour votre santé.

— C'est dangereux de visiter l'entrepôt d'un facteur de flûtes? insiste Juliette, d'un ton tout à fait innocent.

— Ne joue pas la naïve, réplique l'homme.

— Parce que moi, je ne vois pas de mal à empaqueter et à expédier des flûtes de bois, poursuit-elle. C'est une activité louche?

Le vieux Tonino Bonifacio fronce les sourcils. Il arbore l'air sombre d'un homme qui a trop de secrets dans sa tête.

— Écoute, j'ignore comment ton copain et toi êtes parvenus à entrer dans l'entrepôt. Mais je sais une chose. Vous courez un grave danger. Je te donne une chance. Pendant que je vais quérir la caisse vide dans l'entrepôt, déguerpis. Rejoins ton complice et ne remets plus les pieds ici.

— Mais…

L'artisan ouvre déjà la porte et s'engouffre dans l'entrepôt.

La fille se rend à l'autre porte qui donne sur la rue. Au lieu de s'enfuir comme on vient de le lui conseiller, elle jette un coup d'oeil à l'extérieur. Bien entendu, elle ne voit pas l'ombre de Jeff.

— Psitt! psitt!

Elle ne le voit pas, mais elle l'entend.

«Ah! pense-t-elle, pour découvrir le roi des grimpeurs, il faut toujours regarder vers le ciel.»

Elle lève les yeux et repère le garçon, juché sur le toit de la boutique.

— Qu'est-ce que tu fais là? chuchote-t-elle.

— Je t'attendais.

— Les chargeurs ont failli t'attraper.

— J'ai fait exprès. Ils sont de parfaits imbéciles. Je voulais seulement les éloigner de leur camion. Cela m'aurait permis de dessouffler un pneu. Mais ils sont revenus trop vite. Et puis, ajoute-t-il en brandissant son petit revolver, je n'ai pas dégainé assez rapidement.

— Bon sang, Jeff, où as-tu déniché ça?

— Je l'ai emprunté chez Marcel Huneault.

— Tu te prends pour qui? s'impatiente-t-elle. Un cow-boy? On n'est pas ici pour empêcher les braves gens de livrer leur cargaison de flûtes.

— Des flûtes! rigole Jeff. Tu vis sur une autre planète ou quoi? Tu n'as jamais lu de romans policiers?

— Toi, tu lis beaucoup peut-être?

— Jamais. Mais je sais.

Sur ces entrefaites, l'artisan revient en traînant la caisse par laquelle Jeff et Juliette sont arrivés.

Comme s'il avait choisi d'ignorer la présence de la jeune imprudente, Tonino pose d'abord une large doublure de bulles en plastique au fond de la caisse. Puis, il enrobe une à une chacune des flûtes qu'il ramasse comme si elles constituaient un trésor très fragile.

— Avertis ton petit copain de se sauver, lui aussi, rumine-t-il sans lever les yeux de son travail.

— Viens! ordonne Juliette à son compagnon. On n'est pas ici pour se promener sur les toits.

Le garçon grimace. La fille du brocanteur lui revient en mémoire. Cette petite Annie de malheur, qui a emprunté l'étui de la contrebasse pour aboutir à l'autre bout du monde. Mais elle, contrairement à Juliette et à lui, elle n'a certainement pas découvert le secret pour revenir.

Il retourne dans la boutique et se présente au fabricant de flûtes:

— Moi, c'est Jeff.

— J'aime autant ne pas savoir vos noms, ronchonne l'artisan. Les corniauds de tout à l'heure peuvent rebondir. Ces deux-là, quand ils attrapent un curieux, ils lui tordent les oreilles, le nez et tout ce qui dépasse.

— Pourquoi vous n'avez pas dénoncé Juliette?

L'homme se dresse.

— J'ai l'humilité de l'artisan, j'en ai aussi l'honnêteté. Les hommes de Brise de mer me forcent à accomplir un travail que je déteste. Je veux conserver mon atelier. Nous sommes facteurs de flûtes de père en fils, dans la famille.

L'homme finit de remplir la caisse en y plaçant une autre large bande de tissu plastique fourmillant de bulles.

— Comme ça, les instruments seront protégés.

Un grommellement parvient de la porte de l'entrepôt. Jeff et Juliette n'hésitent pas. Ils disparaissent. Le garçon se blottit sur le dessus d'une haute armoire et Juliette se camoufle dans son tas de copeaux sous un établi.

En moins d'une minute, les deux chargeurs soulèvent la caisse, la transportent dans l'entrepôt, la hissent dans le camion qui démarre en faisant ronfler son moteur.

Pendant que leur hôte va refermer la grande porte, Jeff et Juliette sortent de leur cachette.

— On a assez perdu de temps, souffle la fille. Il faut cuisiner l'artisan. Il a certainement croisé Annie Huneault.

Chapitre V
Coke en flûtes

Tonino revient en s'épongeant le front. Et ce n'est pas seulement parce qu'il fait chaud dans sa boutique. Il semble libéré d'un poids très lourd.

— Avant, je n'étais qu'un simple artisan, se plaint-il. Voilà six mois, les hommes de Paolo Casta, le chef de la bande Brise de mer, ont décidé que je participerais à leurs combines. J'ai cru qu'ils ne se serviraient de ma boutique qu'une seule fois. Mais ils se sont rendu compte des immenses possibilités de mes petits tuyaux de bois. Depuis, ils reviennent toutes les deux semaines.

Jeff, qui connaît lui-même mille et une combines, réagit aussitôt:

— Et qu'est-ce qu'ils cachent à l'intérieur de vos flûtes?

— Cocaïne! Un poison. Paolo Casta reçoit une cargaison de je ne sais où. Ses hommes, surtout Gino et Albert, me forcent à fabriquer des flûtes à bec en grande quantité. Ce sont d'ailleurs des instruments qui jouent faux. Ceux que je signe sont faits avec soin. Les autres… ah! les autres! Au cours des deux dernières nuits, Gino, Albert et un autre acolyte sont venus les bourrer de poudre blanche. Tout se passe le soir et la nuit parce que, le jour, deux apprentis et mon propre fils travaillent dans cette pièce. Les soirs d'expédition, je dois être seul.

Si cette histoire de contrebande intéresse Juliette, elle ne perd pas de vue sa vraie mission. Elle s'impatiente:

— Nous ne sommes pas ici pour courir après des contrebandiers.

Jeff hoche la tête. «Bien dommage», pense-t-il.

— Je le sais. C'est pour cette raison que je vous raconte tout ça, rétorque l'artisan. Si Paolo Casta savait que j'ai la langue aussi longue, il se vengerait sur ma famille.

Juliette fouille dans sa poche et en sort la photographie de la fillette disparue.

— Ce qui nous amène ici, articule-t-elle calmement, c'est cette petite fille. C'est la fille d'un de nos amis de Montréal…

«C'est ça, nous parcourons la planète pour annoncer aux gens que ce grognon d'antiquaire est de nos amis», se moque Jeff intérieurement.

Un lourd silence s'installe dans l'atelier.

Tonino Bonifacio examine la photo avec un sourire brisé. Une larme perle à sa paupière. Il renifle un coup.

— Mais qu'est-ce que vous avez? s'inquiète Juliette.

— Vous la connaissez? ajoute Jeff.

— Si je la connais… Je l'ai découverte un jour dans l'entrepôt. Tenez, elle tenait dans sa mignonne petite main une flûte identique aux vôtres, une de mes chères flûtes. Elle est sortie d'une caisse de bois comme un lutin d'une boîte à surprises.

Jeff, à qui les histoires tendres donnent de l'urticaire, commence à s'agiter.

— Et puis, où est-elle? lance-t-il.

— Je l'ai recueillie comme si elle était ma propre fille. Elle paraissait étonnée, complètement perdue. Ma femme et moi avons toujours souhaité avoir une fille. Mais de père en fils, nous n'avons jamais de fille. Celle-là, elle était parfaite, jolie, délicate, blonde, yeux bleus, une vraie poupée. Et elle jouait à la flûte un petit air de Mozart.

— Qu'est-ce qu'elle est devenue? lance Juliette qui ne peut cacher son impatience.

Le vieux parle de plus en plus difficilement:

— Nous l'avons nourrie et logée pendant trois jours. Mais cela ne la rendait pas heureuse. Elle répétait constamment qu'elle voulait retrouver le Vieux-Port. Je l'ai amenée au vieux port de Bastia. Nous nous sommes même promenés sur la jetée du Dragon. De là, nous voyons les maisons magnifiques qui bordent le quai. Mais elle s'ennuyait de Montréal.

— C'est de là que nous venons, reprennent en choeur Jeff et Juliette.

— Eh bien, Montréal, pour moi, c'est une ville de cauchemar, bêle l'homme. Chaque jour, nous retournions au vieux port de Bastia, chaque jour, elle me cassait les oreilles avec Montréal. Je commençais à en avoir assez, si vous voulez mon avis.

— Et qu'est-ce que vous lui avez fait? s'inquiète Juliette.

— Un jour, un vieil homme qui marchait très lentement — on aurait juré qu'il portait des pantoufles — est entré ici. Il s'est présenté comme un musicien et a révélé qu'il désirait aller à Montréal. Annie n'a plus voulu le laisser d'une semelle. À contrecoeur, j'ai accepté qu'elle nous quitte.

Juliette est estomaquée.

— Vous l'avez confiée à un inconnu!

— Je dirais plutôt un farfelu. Il paraît que ce bonhomme joue de la contrebasse. Mais il n'avait pas son instrument. Il jurait qu'il l'avait oublié à Montréal. Vous y comprenez quelque chose, vous?

Juliette et le garçon se regardent. Bien sûr, ils se souviennent de l'homme. Ils ne l'ont jamais rencontré. Mais ils en ont entendu parler.

— C'est certainement le père de la cantatrice, souffle Juliette.

— Quelle cantatrice? questionne l'artisan.

Jeff et Juliette n'ont pas envie de raconter tout ce qu'ils ont appris quand ils se sont aventurés à Naples, chez Regina Calabrese. Cette femme leur a révélé que son père avait disparu dans l'étui de la contrebasse. La description du vieux musicien ressemble en tout point à celle de l'homme qui a emmené Annie.

— Quelle cantatrice? répète Tonino.

Les deux voyageurs échangent un regard complice.

— La fille d'un musicien que nous avons connue à Montréal, justement. Si cet homme est retourné là-bas, nous n'avons plus rien à faire ici.

Juliette demeure un peu étonnée par la rudesse de sa phrase.

— Ouais, enchaîne Jeff, sur le même ton. Il ne nous reste plus qu'à reprendre la route de Montréal, nous aussi.

Juliette se frappe le front.

— La caisse! hurle-t-elle.

— Quelle caisse? questionne encore l'homme.

— Celle dans laquelle vous avez découvert Juliette, explique Jeff.

— Les hommes de Paolo l'ont emportée. C'est la dernière que nous avons remplie de flûtes. Nos deux gaillards doivent être en train de la charger sur le *Yellow Star*.

Jeff et Juliette n'ont pas besoin qu'on leur fasse un dessin. Pour réintégrer la boutique de Marcel Huneault, ils devront entrer dans la caisse au nez des trafiquants.

— Bon sang! aboie Juliette. J'aurais dû y penser.

— Qu'est-ce qu'on va faire? demande Jeff.

Pendant que Juliette tente de réfléchir, Tonino Bonifacio les inonde de questions. Tout à coup, la fille sourit.

— Qu'est-ce qui te fait rire? s'étonne le garçon.

— C'est simple. Monsieur Huneault m'a donné sa carte. Lui, il saura bien nous rapatrier. Vous avez le téléphone?

Désarçonné, le vieil artisan lui tend un sans-fil.

En moins de deux, Juliette a récupéré la carte qu'elle avait glissée dans sa chaussure. Avec application, elle compose tous les numéros nécessaires pour joindre la boutique du brocanteur depuis la Corse.

Après deux sonneries, on décroche.

— Allô! Vingt sous zéro!

— Je ne suis pas à la boutique de Marcel Huneault?

— Vous êtes à Vingt sous zéro, spécialistes en congélation et en systèmes de climatisation. Nous sommes fermés depuis une heure.

Juliette raccroche, dépitée.

— C'est impossible! J'avais pourtant fait le bon numéro.

— Appelle la pizzeria, insiste Jeff. Le numéro est...

— Je le connais, tranche Juliette en composant à nouveau.

Trois coups, et une voix bourrue claironne:

— Allô!

— La pizzeria Marco di Napoli?

— Vous êtes chez Baptiste Paradis. Je regarde mon match de baseball. Mes amis savent qu'on ne doit pas me déranger dans un moment pareil.

L'homme raccroche brutalement.

L'oreille engourdie, Juliette bredouille:

— Nos coups de fil arrivent n'importe où.

— On ne pourra jamais y retourner par le téléphone, conclut Jeff.

L'artisan, qui ne reçoit jamais réponse à ses questions, en risque une dernière.

— Qu'est-ce que vous cherchez, bon Dieu?

Jeff lui répond par une question:

— Vous avez une voiture?

— Oui, une camionnette.

— Vous allez nous conduire.

— À Montréal? C'est impossible.

— Au quai où le *Yellow Star* est amarré, insiste Juliette.

— Impossible, ça aussi.

Chapitre VI
Le *Yellow Star* vous souhaite la bienvenue

Tonino Bonifacio n'est pas entêté. Il conduit sa petite camionnette Citroën 2CV en grignotant son volant tel un authentique trouillard. Par chance, il n'est pas très loin du port, sinon il attraperait un torticolis. À chaque intersection, il se dévisse le cou pour vérifier s'il n'est pas suivi ou épié.

Il a exigé que Jeff et Juliette se blottissent derrière les sièges. Il ne veut pas qu'on le voie avec eux.

— Vous comprenez, a-t-il spécifié, la vie de ma famille est en jeu.

— Et la vie d'Annie est également en péril, a rétorqué Juliette.

— Si elle n'est pas déjà morte, a ajouté Jeff, très sombre.

Une rue avant d'atteindre le quai du Fango, Tonino s'arrête.

— Je ne peux pas aller plus loin. Et ce n'est pas par mauvaise volonté. Je ne veux pas que l'on m'aperçoive de la terrasse du

Café Brise de mer. C'est là que les escrocs de Paolo se réunissent. Si j'avais su que vous vouliez rejoindre ces bandits, je ne vous aurais rien dit.

— Ne vous inquiétez pas, nous serons muets comme des tombes, jure la fille en sortant la première.

En se dégourdissant les jambes, elle hume l'air chaud de ce soir d'été. Pas besoin d'avoir l'odorat très développé pour apprécier l'air salin. La mer n'est pas loin, c'est certain. Jeff se déplie à son tour.

Leur chauffeur ajoute:

— J'admire votre héroïsme.

Il repart en faisant rugir le moteur de son véhicule.

Seuls dans une rue aux vieux édifices de pierre, Jeff et Juliette ne savent rien de Bastia sinon qu'ils doivent rejoindre le port. Et dans ce port, un bateau appelé *Yellow Star* et sa cargaison de cocaïne. Tout cela le plus discrètement du monde.

Ils n'ont pas à marcher longtemps. Ils atteignent le quai du Fango. Là, plusieurs cargos sont accostés. Le *Yellow Star* doit y être.

Si «Yellow Star» signifie «Étoile jaune», il faut admettre que le petit navire en question brille par sa sobriété. Il est aussi noir qu'une nuit sans lune. Son nom est bel et bien peint à sa proue, mais pour le reste, avec sa rouille et son petit tonnage, il a plutôt l'air de rêver à la retraite. Peut-être a-t-il l'allure qu'il faut pour faire de la contrebande?

Jeff et Juliette se dissimulent derrière une voiture, dans un stationnement public, pendant que Gino et Albert, dont ils identifient les silhouettes, finissent de décharger le camion.

Cinq minutes plus tard, ils peuvent s'approcher facilement. Personne ne monte la garde.

Il faut admettre que si cette coquille de noix était surveillée par des sentinelles armées jusqu'aux dents, cela paraîtrait très louche.

En se donnant une allure de touristes, Jeff et Juliette jouent les curieux. Ils passent même un long moment à examiner le *SSS Prosper*, un cargo amarré à proximité du *Yellow Star*. Ils furètent ensuite devant la passerelle du navire qui les intéresse.

— On croirait que les marins sont occupés ailleurs, constate Juliette.

— Moi, je me méfie, réplique Jeff. Surtout qu'ils m'ont déjà vu.

— Reste ici, propose la fille, je vais traverser la passerelle comme si je cherchais quelque chose. S'il n'y a personne, je te fais signe.

Juliette s'engage sur la passerelle. En posant le pied sur le pont, elle constate que son complice avait raison de se méfier. Une odeur de mauvais cigare lui agresse les narines. Elle pivote. Pas assez rapidement pour éviter la lourde main qui lui emprisonne le poignet.

— Tu veux voyager gratuitement?

— Non, je cherche mon chien, se défend Juliette en essayant de se libérer.

— Il y a de la place dans la cale, insiste le marin au chandail rayé.

— Je vous répète que je cherche mon chien. C'est un petit chihuahua. Il est curieux.

— Il est mieux de ne pas venir flâner par ici, ma grande. Un chihuahua, ça s'écrase d'une seule main.

En prononçant ces mots, le taupin resserre son emprise sur le poignet de Juliette. Une voix, provenant de la cabine, retentit:

— Qu'est-ce que tu fous, Carlo?

La question sonne la libération de Juliette, puisque le colosse abandonne son bras.

— Rien, une touriste curieuse est montée sur le pont.

Un homme sort de la cabine. La fille reconnaît Gino, le moustachu, qui a voulu faire un mauvais parti à Jeff.

— Faut pas traîner ici, lui lance le nouveau venu.

— Mon chien doit se cacher ailleurs.

— C'est ça, va voir ailleurs, lui conseille le colosse au cigare.

Juliette fait demi-tour et descend la passerelle en tentant discrètement de repérer Jeff. Une fois de plus, le gamin a disparu sans l'avertir.

En feignant de s'éloigner, elle entend Gino ordonner au gardien:

— Dès qu'Albert revient, on appareille.

Puis il ajoute:

— Je me demande pourquoi les enfants viennent rôder autour de nous aujourd'hui.

Poursuivant sa comédie, Juliette fait mine de chercher par terre. Elle murmure doucement:

— Jeff. Viens ici, Jeff. Où es-tu, mon chihuahua?

Et puis, elle se rappelle qu'on ne cherche jamais Jeff au sol, mais en levant les yeux. Ce qu'elle fait délicatement, au cas où on l'observerait.

Elle n'est même pas étonnée d'apercevoir la silhouette de son complice qui se découpe sur la lune. Suspendu à une amarre, il atteint le pont en lui faisant un signe discret de la main. Juliette imagine son sourire triomphant.

Elle se dirige vers le *Prosper* en se creusant les méninges. Comment pourra-t-elle rejoindre le garçon?

Elle entend un plouf. Le bruit vient de l'autre côté du navire.

Carlo, qui n'est pas sourd, l'entend encore mieux qu'elle, abandonne son guet et se précipite de l'autre côté du pont.

Juliette n'en attend pas davantage. L'enjeu est trop grand pour qu'elle hésite. Si elle veut retrouver la caisse qui lui permettra de rentrer à Montréal, elle doit monter à bord de ce navire. Absolument.

Elle court, de toutes ses forces, sur la pointe de ses souliers de course. Elle se faufile sur le pont et plonge vers la première porte qu'elle aperçoit.

— À la grâce de Dieu! soupire-t-elle en l'ouvrant.

Par chance, il s'agit de celle qui mène à la soute du *Yellow Star*. Quelques lumières vacillantes lui permettent de constater que les caisses sont bien là. Une quinzaine en tout.

Assis sur la plus haute d'entre elles, Jeff trône, tel le champion de l'escalade qu'il prétend être.

Ils n'ont qu'à tendre l'oreille pour constater que le colosse se fait engueuler vertement par Gino, le moustachu.

— Ils vont récupérer le canot de sauvetage que j'ai jeté à la mer, annonce Jeff avec une certaine fierté.

Avant de se mettre à la recherche de la caisse qui les intéresse, ils décident d'attendre un peu. Il serait dommage qu'ils soient dérangés par ces gangsters.

Cachés derrière les caisses, l'oreille aux aguets, ils suivent la manoeuvre des truands qui hissent le canot. Ils entendent encore le complice du camion revenir.

— Carlo, tu lanceras les machines à fond, ordonne le dénommé Albert. Il faut atteindre Marseille avant l'aube.

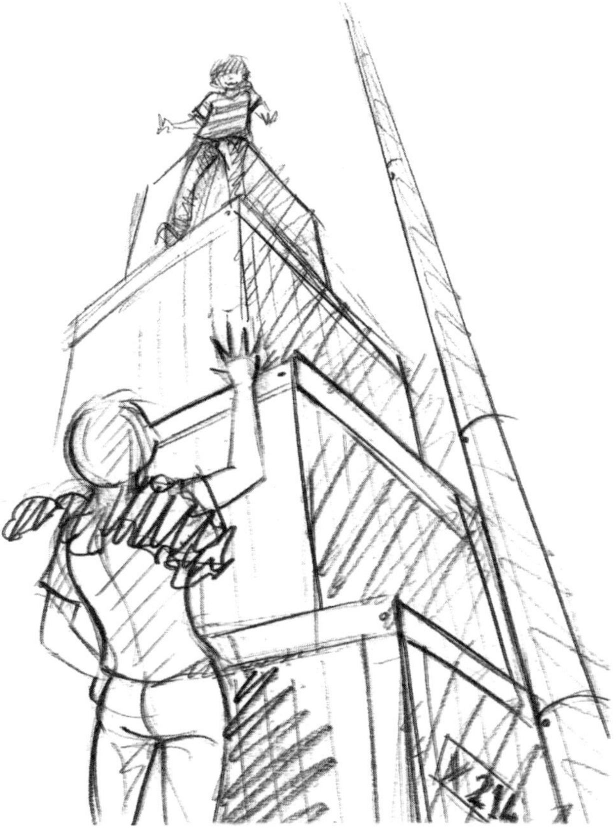

— Ça sera fait, grogne le fumeur de cigare.

Le moteur du bateau se met en marche. Sur le pont, on largue les amarres.

— J'ai toujours rêvé de voyager à bord d'un bateau, souffle Jeff.

— Dans la caisse, on voyage plus vite.

— D'accord. Mais c'est laquelle?

Bonne question! Tous deux examinent l'ensemble de ces boîtes de bois, toutes identiques. Laquelle d'entre elles possède le pouvoir de les ramener vers la boutique de Marcel Huneault?

Chapitre VII
Le feu aux poudres

Jusqu'à ce que le bateau sorte du bassin Saint-Nicolas, l'eau est calme. Mais une fois dans la mer Tyrrhénienne, le vent s'élève et les vagues se font plus vigoureuses. Le vieux navire, mû par son moteur poussif, vogue sur les flots noirs et agités.

— Il n'y a pas trente-six solutions, chuchote Juliette, pour repérer notre caisse, il faut en vider une et l'essayer. Et recommencer jusqu'à ce qu'on déniche la bonne.

Armée d'une pince-monseigneur qui traînait par là, Juliette s'échine à ouvrir la première boîte. Jeff réfléchit. Enfin, il grimace.

— C'est beau tout ça. Mais on oublie une chose. Il faut avoir un objet sur lequel est écrit le mot «Montréal». Sans lui, on ne partira jamais.

— C'est pour cela que j'ai glissé ici, répond Juliette en retirant son soulier, la

carte de la boutique du brocanteur. C'est simple. Je vais m'installer dans la caisse avec la carte dans la main. Je ne pourrai pas aboutir ailleurs qu'à Montréal.

— Et moi? s'écrie le garçon.

Juliette l'assure que, en acceptant la carte, elle a pensé qu'ils en profiteraient tous les deux. Après tout, la caisse est assez grande pour qu'ils s'y installent ensemble.

— Non, non, riposte Jeff. Je ne veux pas courir ce risque. Imagine que, toi, tu arrives à Montréal et que, moi, sans carte, je continue à flotter quelque part dans le néant. Non, je vais me procurer un objet sur lequel est écrit «Montréal».

— Où veux-tu trouver ça, Jeff? On est sur un bateau.

— Il doit bien y avoir quelque chose de montréalais sur cette coquille de noix.

— Quelque chose?

— Est-ce que je sais, moi? Je vais fouiller la cabine du capitaine.

— Et comment vas-tu te rendre là?

— En me faufilant. J'ai l'expérience.

L'idée n'est pas mauvaise. Mais combien dangereuse! Cependant, Juliette n'ignore pas que pour passer inaperçu, Jeff est plus doué qu'elle.

Le garçon fouille dans sa poche. Il en sort le petit revolver qu'il a piqué. Après l'avoir examiné sous toutes ses coutures, histoire de vérifier s'il n'a pas été fabriqué à Montréal, il le tend à Juliette.

— Tiens! Si on te surprend, défends-toi.

— Je n'ai jamais tiré au revolver.

— Quand on veut sauver sa peau, ça s'apprend vite.

— Est-ce qu'il est chargé?

— En tout cas, un revolver, ça fait toujours peur, poursuit Jeff en lui faisant un clin d'oeil.

— OK, dit la fille en acceptant l'arme, mais je ne m'en servirai pas. Par contre, voici ce qu'on va faire. Le seul moyen de trouver la bonne caisse étant de l'essayer, je déposerai le petit revolver juste à côté de la dernière dans laquelle je me serai enfermée. De cette manière, tu pourras la repérer facilement.

— Et si je ne peux pas partir, je pourrai au moins me défendre.

— Tu sais, Jeff, les armes à feu...

— Ça va, pas de discours, coupe le garçon.

Juliette secoue la tête.

— Bonne chance, le morveux! souffle-t-elle. Si tu n'apparais pas chez Huneault quinze minutes après moi, je te promets que je reviendrai à ton secours.

— Je sais, je sais, s'impatiente Jeff pour qu'elle ne remarque pas qu'il est ému.

Sans faire plus de bruit qu'un chat, il monte l'escalier de fer qui mène au pont, ouvre prudemment la porte. Comme il ne remarque rien de dangereux, il se glisse sur le pont. Un vent de plus en plus coriace fait claquer les vagues contre la coque.

«Parfait! Comme ça, les hommes de Paolo n'entendront rien.»

Les hommes de Paolo Casta. Le garçon devine qu'ils ne sont pas nombreux à bord. Ce qui ne l'empêche pas d'en apercevoir un.

Bien appuyé contre le bastingage, Albert, celui qui n'a qu'une fine moustache en accent circonflexe sur sa lèvre supérieure, observe la mer houleuse. «Il surveille les garde-côtes», imagine Jeff. Et cela le déçoit. Il espérait que les trafiquants jouent aux cartes en fumant des cigares et en buvant du rhum dans une cabine. Cela aurait été beaucoup plus simple pour lui.

Maintenant, il devra déjouer un gardien. Certainement un autre aussi.

Le garçon longe d'abord la cheminée du bateau. Il souhaite qu'Albert ne le voie pas. Il se blottit contre le mur de la cabine de pilotage pour reprendre son souffle.

Puis, Jeff décide de grimper vers le toit de la cabine. Pas facile, d'autant plus qu'une rafale fait tanguer le bateau et qu'il réussit à se cramponner à un câble au tout dernier instant.

Une fois qu'il a recouvré son équilibre, il examine de plus près ce câble. Il se rend compte qu'il tient la bouée de sauvetage. Il atteint le toit de la cabine en l'emportant avec lui. Il marche prudemment vers l'autre côté. Comme il s'y attendait, Carlo, le gros marin qui a attrapé Juliette, veille par là.

Comment pourra-t-il pénétrer dans la cabine sans se faire repérer par un de ces gardiens?

Jeff serre la bouée contre lui, revient du côté d'Albert. Ce dernier lui semble plus fragile. À la manière d'un discobole, le garçon se donne un élan. De toutes ses forces, il balance la bouée vers le gardien. Le maigrichon ne la voit jamais venir. Il est atteint directement derrière la tête. Surpris, il culbute vers l'eau en hurlant.

Jeff s'aplatit sur le toit de la cabine. Alerté, Carlo se précipite au secours de son complice.

— Qu'est-ce que tu fais là? crie-t-il.

— À moi! s'égosille le baigneur forcé, au risque de se détraquer les cordes vocales.

— Cramponne-toi à la bouée.

— Où est-elle?

— Elle flotte là-bas.

Le bateau s'éloigne de plus en plus de l'homme en détresse. En proie à la panique, l'énorme Carlo fonce vers la cabine.

— Gino! Coupe les moteurs!

Le frisé vient à son tour prêter main-forte à ses complices.

Pendant que, du pont, les deux costauds entreprennent de mettre le canot de sauvetage à la mer, Jeff se faufile dans la cabine.

D'un rapide coup d'oeil, il voit bien qu'il n'y a là que des instruments de navigation. Des photos racornies. Des cartes géographiques. Pour quelqu'un qui, comme lui, n'a jamais étudié la géographie en classe, il n'y a rien de très réjouissant. Et pourtant! Sur des cartes, il y a certainement plusieurs pays. Et des villes. Particulièrement une ville qui s'appelle Montréal.

Sur une tablette, il aperçoit un atlas. Sans hésiter, le garçon s'en empare. Il parcourt rapidement les cartes de ce gros bouquin. Enfin, il atteint l'Amérique du Nord, les États-Unis, le Canada, le Québec. Oui! Le Québec est là! Sans hésiter, il arrache cette page, la plie en quatre et la dissimule sous son chandail.

Il regagne le pont, mais ne peut pas avancer.

Gino lui bloque le passage. Ce dernier, dos à lui, ne le voit pas. En fait, le moustachu frisé est à la recherche d'une lampe de poche qu'il veut refiler à Carlo qui a pris place dans le canot.

— Je vais voir dans la cabine, crie Gino.

Jeff n'a pas le choix, il plonge vers le bastingage, passe par-dessus bord et reste accroché par une main au pont.

Ce qu'il ignore c'est que le dangereux Gino change d'idée et bifurque. Au lieu d'entrer dans la cabine, il se rend vers la porte qui mène à la soute.

Pendant ce temps, Juliette a vidé une dizaine de caisses. Les flûtes de bois, toutes enveloppées de plastique à bulles, sont éparpillées sur le plancher. Elle n'a pas encore découvert la caisse magique. Il n'en reste plus que cinq lorsque la porte s'ouvre. Elle se retourne. Devant elle se dresse le terrifiant Gino.

Juliette n'hésite pas. Elle attrape le petit revolver et braque l'homme.

— Haut les mains! Pas un cri, pas un geste, sinon je tire!

Surpris, le trafiquant lève les bras. Puis il fixe intensément la jeune fille. Un sourire illumine bientôt son visage.

— Ça ne prend pas! grogne-t-il.

— Vous bougez et je tire! avertit Juliette.

— C'est un revolver jouet, affirme le contrebandier en faisant un pas vers elle. Tire! Vas-y! Tire!

Juliette lève le revolver au-dessus de sa tête et, pour prouver que son arme fonctionne, elle appuie sur la détente.

Le revolver qu'elle tient à la main n'est pas un jouet. C'est plutôt un vieux briquet des années 1950. Et le briquet s'allume. Un gadget qui doit dater de la Guerre du feu. L'imposant frisé éclate d'un gros rire.

— Quand on offre du feu à quelqu'un, on lui fournit également un cigare, lance le costaud en mettant les mains sur ses hanches.

Sa petite flamme au bout du bras, Juliette a l'allure d'une statue de la Liberté en déconfiture. Elle réagit aussitôt.

— Si vous faites un pas, je mets le feu aux caisses de bois. Du bois, ça brûle vite.

L'homme jouit de la situation. Il rit de plus belle.

— Tu vas étouffer dans la fumée.

— Vous aussi.

Ils se défient.

— Un bateau en flammes attire l'attention des garde-côtes, lance Juliette. Et ça, Paolo Casta ne l'accepterait pas.

— Ce que Paolo n'accepte pas, ce sont les filles qui se mêlent de ses affaires, crache Gino.

En approchant la flamme d'une planchette de bois sec, Juliette se demande vraiment comment elle se tirera de ce pétrin.

— Hé! fillette! murmure le frisé. À côté de la porte, il y a un extincteur. C'est une invention qui éteint le feu. Je n'ai qu'à reculer d'un pas et…

À cet instant précis, Jeff ouvre la porte. En même temps que lui, un léger coup de vent s'engouffre dans la pièce et éteint la flamme du briquet. Juliette tente en vain de le rallumer. L'homme rit de plus belle.

Jeff comprend l'urgence de la situation. Il attrape l'extincteur, le dirige vers le contrebandier.

— Ne bougez pas.

— Bon, le complice, maintenant! grogne Gino. Vous êtes faits comme des rats.

— Les rats du *Yellow Star*, c'est pas nous! rétorque Jeff en serrant les dents.

— Gino, qu'est-ce que tu fais? crie la voix paniquée de Carlo, toujours assis dans le canot. Albert n'en peut plus. Et les garde-côtes s'amènent.

Enragé, le colosse bondit vers le garçon.

Rapide, Jeff saute de côté en même temps qu'il actionne l'extincteur.

Pour une fois, une arme fonctionne. Une mousse dense jaillit de l'appareil et atteint Gino en plein visage. Le moustachu recule en se frottant les yeux.

— Petit salaud! hurle-t-il.

Jeff ne répond pas. Il actionne son arme de nouveau. Un autre jet de mousse carbonique éclabousse le gros Gino.

À tâtons, celui dont la tête ressemble à une guimauve fondue se sauve par la porte. Jeff la referme aussitôt.

De l'autre côté, l'escroc glapit:

— Vous ne vous en tirerez pas vivants.

Jeff et Juliette ne répliquent pas. À quoi bon! Tout ce qu'ils souhaitent, c'est de trouver la caisse qui les fera déguerpir. Sans échanger une seule parole, les deux voyageurs clandestins s'activent.

Juliette ouvre une nouvelle caisse qu'elle renverse. Elle s'y glisse.

— Vite! dit-elle.

Jeff sort sa page d'atlas. Il déchire le morceau où est inscrit Montréal.

— Ils vont avoir tout un ménage à faire, souffle-t-il.

— Oublie le ménage pour une fois.

— Je m'en fous, moi, bêle-t-il en refermant le couvercle sur eux.

Blottis l'un contre l'autre dans le noir complet, ils entendent le bruit strident. Le son insupportable que, dans les circonstances, ils apprécient.

Puis, la lumière blanche…

Chapitre VIII
Retour chez le brocanteur bougon

Lorsque Jeff et Juliette culbutent dans l'arrière-boutique du brocanteur, ce dernier les accueille par un cri.

— Enfin! vocifère-t-il.

Il a installé un matelas de manière à rendre le retour de ses envoyés moins périlleux. En vérité, il les félicite à peine. Il se met plutôt à fouiller la boîte de la contrebasse.

Étourdie, Juliette reprend son souffle.

— Qu'est-ce que vous cherchez?

— Annie! Elle n'est pas avec vous?

— On ne l'a pas vue.

Les explications sont longues. Difficiles! Pénibles!

L'homme grogne, rechigne. Il espérait tant revoir sa fille.

Les deux aventuriers le comprennent.

— On a cependant une piste, le console Juliette.

Marcel Huneault éclate:

— Vous revenez avec une piste. Qu'est-ce que vous voulez que je fasse d'une piste, moi? C'est ma fille que je veux.

La réception désagréable de l'antiquaire indispose peu Juliette. Il y a autre chose qui la chicote. Habitée par un étrange pressentiment, elle se dirige vers le téléphone. Elle vérifie le numéro. Il s'agit bel et bien de celui qu'elle a composé quand elle se trouvait dans l'atelier de l'artisan.

— Votre fille est peut-être à Montréal, lance-t-elle.

— À Montréal!

L'homme s'excite. Il exige des explications, veut savoir pourquoi Annie ne l'appelle pas, pourquoi elle ne donne pas signe de vie.

— Parce qu'elle est partie avec un vieux bonhomme, murmure Jeff.

— Elle a été enlevée! Je le savais, se lamente Marcel Huneault en enfouissant son nez dans la manche de sa veste de laine râpée.

Là, devant eux, il se met à pleurer.

Juliette fusille Jeff du regard. Le garçon hausse les épaules.

— Je pensais qu'il fallait dire la vérité.

Il fait la moue. Il est désolé, bien sûr, mais il n'aime pas le montrer.

— On a échappé à des contrebandiers, souffle le petit voyou.

Marcel Huneault bondit, la rage dans les yeux.

— Et c'est un contrebandier qui a kidnappé Annie. Si je l'attrape, il va voir de quel bois je me chauffe. J'ai ici une foule

de machines de torture et je lui ferai avouer tous ses crimes et surtout… surtout l'endroit où il cache ma mignonnette.

Des larmes inondent les joues du malheureux. Juliette sent que le moment est venu de révéler le fond de sa pensée.

— Nous ne nous sommes pas retrouvés en Angleterre comme nous le pensions. En fait, nous avons abouti à Bastia.

— Bastia, en Corse? s'étonne le brocanteur.

— En Corse, poursuit Juliette. Parce que c'est là que vit l'artisan qui a fabriqué les flûtes d'Annie. Son nom, Tonino Bonifacio, est écrit sous l'instrument. L'étui de contrebasse fonctionne à l'écriture, vous comprenez?

Marcel Huneault comprend, évidemment.

— Là-bas, ce brave homme nous a appris qu'il avait vu Annie. Elle est arrivée dans une caisse de bois, dans son entrepôt. Il l'a recueillie et…

— Et un salaud l'a enlevée.

Juliette conserve son calme. Elle réfléchit.

— C'est un contrebassiste. Étrange, n'est-ce pas? Et on ignore si cet homme est un salaud ou simplement une personne qui, comme elle, est perdue.

— Comment ça, perdue?

— Parce que j'ai essayé de vous appeler lorsque j'étais à Bastia. Je n'ai jamais pu vous joindre.

— Pourtant, je n'ai pas bougé d'ici.

— Justement. Cela peut signifier une chose. Quand on part par l'étui de contrebasse, on franchit des bruits, des changements lumineux, une pression presque insupportable et…

— Et quoi?

Suspendu aux lèvres de la jeune fille, le brocanteur s'impatiente.

— … et on se retrouve dans quelque chose qui est… peut-être une autre dimension. J'entends par là que ces lieux ne font peut-être pas partie de la réalité… de la même réalité que la nôtre.

La bouche de Marcel Huneault demeure ouverte. Longuement. Le morceau est difficile à avaler.

Jeff s'approche de lui.

— Moi, je ne suis pas nécessairement d'accord avec tout ce que Juliette raconte. Mais je veux que vous sachiez que je ne suis pas un voleur. Je vous remets le revolver que je vous avais piqué avant de partir.

Le commerçant, dont les nerfs sont en boule, juge que le garçon lui fournit un moyen de faire éclater son désarroi.

— Mais c'est très dangereux, hurle-t-il. Nom d'un chien, tu aurais pu tuer quelqu'un. Dans ma collection d'armes, tu as pris le revolver qui est toujours chargé. J'en parle souvent, histoire d'éloigner les voleurs.

— Pas avec un briquet, raille Jeff.

Histoire de convaincre son interlocuteur, le garçon appuie sur la détente. Le coup part. Un vase chinois, vestige de l'époque Ming qui dormait depuis long-

temps sur une tablette, s'effrite sous le choc du projectile.

Juliette a les yeux ronds. Elle grimace affreusement. Ici, ce revolver n'est donc pas un briquet. Que faut-il comprendre?

Obnubilé, Jeff fixe le petit filet de fumée qui s'échappe du canon du pistolet.

— Ouais. On revient vraiment d'une autre dimension, souffle le garçon, complètement sonné. Juliette a raison.

À suivre...

Table des matières

Achevé d'imprimer
sur les presses de Litho Acme inc.